LES
VINS DU GERS

— PROJET DE CONSTITUTION D'UNE SOCIÉTÉ ŒNOPHILE —

PAR

S.-C. VALNY

Chef de Division à la Préfecture du Gers

Extrait du journal LE GERS

AUCH

IMPRIMERIE ET LITHOGRAPHIE FÉLIX FOIX, RUE BALGUERIE

—

1867

LES

VINS DU GERS

LES

VINS DU GERS

— PROJET DE CONSTITUTION D'UNE SOCIÉTÉ ŒNOPHILE —

PAR

S.-C. VALNY

Chef de Division à la Préfecture du Gers

Extrait du journal LE GERS

AUCH

IMPRIMERIE ET LITHOGRAPHIE FÉLIX FOIX, RUE BALGUERIE

1867

1868

LES

VINS DU GERS

Constamment demeuré jusqu'ici, par des raisons diverses, en dehors des sphères de l'activité économique, le département du Gers est un de ceux où les effets de cette activité se sont encore le moins fait sentir.

Soyons juste, cependant : en ces derniers temps, et grâce à un certain mouvement qui s'y est, comme ailleurs, manifesté dans les idées et dans les faits, le Gers a pu recueillir le fruit de notables améliorations. — Qu'il suffise, pour le moment, de rappeler la transformation radicale, si nécessaire, qu'y ont reçue les routes et chemins de tout ordre, et, partant, les facilités des transactions.

Il n'y a plus aujourd'hui, dans les campagnes, non-seulement un village, un hameau, mais une simple propriété foncière, qui ne puisse directement transporter ses denrées, quelles qu'elles soient, sur les marchés voisins.

Comparé au passé, sans remonter même à des époques éloignées, cet état de choses constitue un réel progrès. Ce progrès n'était pas suffisant; il fallait que les chemins de fer vinssent le compléter, par l'ouverture de grandes artères

reliant le département avec tous les centres de consommation.

Des voies rapides, si ardemment désirées, si impatiemment
attendues, le Gers a, enfin, sa part. Sur deux points extrêmes
de son territoire, la locomotive répand de nouveaux éléments
de prospérité, de fortune; avant peu, on a le droit de l'espérer, elle sillonnera ses contrées les plus fertiles.

Les populations rurales n'ont été, dans le passé, par le
fait même du milieu inerte dont elles subissaient la conta-
gion, que trop habituées à vivre sur la foi de traditions malen-
contreuses; ne serait-il point temps, pour elles, de sortir de
l'immobilité, de renier les maximes surannées de la routine,
et de se mettre ainsi en état de profiter des forces, des ressources, des richesses qu'elles possèdent, et dont les moyens
d'exploitation se trouveront désormais à portée de leurs
mains?

Le champ ouvert à leur action est, certes, assez large : il
y a beaucoup à entreprendre, là où il n'existe ni commerce,
ni industrie, et où l'agriculture, malgré son état d'avance-
ment relatif, est en retard sur bien des points d'une importance vitale.

Toutefois, des diverses questions de la solution d'où dépend
l'avenir du département du Gers, celle des vins, sans contre-
dit, sollicite le plus impérieusement l'attention publique.

Quelques hommes de ce pays, comptés, à bon droit, au
premier rang parmi les amis les plus dévoués de l'agriculture, n'ont pas attendu jusqu'à présent pour entrer, comme
producteurs vinicoles, dans la voie des prudentes, des sages
innovations. Leurs courageuses tentatives ont été récompen-
sées : leurs vins sont connus, estimés, et occupent une place
distinguée, quelques-uns même à côté des crûs les plus renommés de la France.

Malheureusement, ces novateurs éclairés sont trop peu nombreux; leur phalange est clair-semée encore; leur groupe constitue une exception.

Amener à suivre d'aussi utiles exemples tous les détenteurs
de vignobles, en signalant les causes de dépréciation, de mé-
vente de leurs produits; faire pénétrer dans les esprits cette
vérité, à savoir que, par le concert de leurs divers intérêts et

une action commune, les viticulteurs seraient en situation
d'obtenir des bénéfices incalculables, qui leur échappent à
raison de leur isolement, et font ainsi défaut à l'accroissement de la fortune publique; déterminer, enfin, par des voies
et moyens pratiques, la formation d'une société, exclusivement ou en très grande partie du moins composée de propriétaires producteurs, faisant elle-même ses affaires, impri-
mant à l'amélioration et au commerce des vins du Gers une
vive et salutaire impulsion, tel est le but que ce travail se
propose d'atteindre.

Notre tentative sera-t-elle couronnée par le succès?

L'avenir répondra.

I

Coup-d'œil sur la situation de la propriété viticole dans le Gers.

Le Gers est un pays de production par excellence. Son sol et son climat se prêtent à la culture des diverses plantes et céréales indispensables à la vie de l'homme. La vigne, en particulier, y croît et fructifie merveilleusement; on la rencontre à peu près partout, sur les coteaux comme dans les plaines. Occupant, dès 1852, une superficie d'environ 95,000 hectares, elle est la source de l'un des principaux produits du pays. Sans parler des contrées de l'Armagnac et de la Ténarèze, où se récoltent ces eaux-de-vie qui, en France, n'ont de rivales que celles des Charentes, connues sous le nom de Cognac, les quantités de vin qui, chaque année, y sont fabriquées, atteignent à un chiffre considérable; on ne porte pas à moins de 824,750 hectolitres le rendement, année moyenne ordinaire, des vins du Gers consommés sans être soumis à la distillation (1).

L'abondance même de cette denrée, à des époques encore récentes, n'en permettait l'écoulement qu'à vil prix. Les débouchés étaient rares; presque toute la consommation se faisait sur place, ou dans un rayon restreint dont les limites les plus lointaines étaient les départements Pyrénéens. Le commerce local ou n'existait point, ou n'avait aucune animation. Aussi, la propriété vitifère se trouvait-elle souvent dans

(1) *Statistique de France.* — 2ᶜ *série.* — *Statistique agricole.* — Imprimerie Impériale, 1858, page 224.

M. Cénac-Moncaut évalue cette production à 1,128,820 hectolitres. (*Les richesses des Pyrénées françaises et Espagnoles,* 1864, *page* 124).

l'embarras, et exprimait-elle hautement ses légitimes do-
léances.

A la suite de la multiplication des voies de communication,
la situation changea, quoique dans des proportions médiocre-
ment sensibles. Profitant des facilités plus grandes qui le fa-
vorisaient, le commerce des vins élargit son cercle d'action.
De nouveaux courants se formèrent: quelques départements
voisins, outre ceux des Pyrénées, commencèrent à prendre
l'habitude de s'approvisionner de vins du Gers; le Bordelais,
dont la production était toujours insuffisante pour répondre
aux demandes qui lui étaient faites, eut aussi recours à celles
de nos contrées les plus proches soit de la Garonne, soit de la
Baïse canalisée, afin de se procurer le supplément de fabrication qui lui manquait. Bref, l'on pouvait croire, il y a une
douzaine d'années, qu'une ère de prospérité relative, modeste
sans doute, mais du moins tout à fait inconnue jusque-là,
allait s'ouvrir devant les possesseurs de vignobles du département.

Mais quel espoir n'a pas ses illusions? Celui-ci s'évanouit
comme une mirage. L'heure de sa réalisation ne devait pas
encore sonner: l'oïdium faisait son apparition....

On sait les ravages qu'a exercés, pendant un trop long
intervalle, cette maladie de la vigne, si obscure dans ses
causes, si préjudiciable dans ses résultats. Dans le Gers surtout, elle sévit avec violence. Cela s'explique facilement: les
viticulteurs y restèrent longtemps sans faire usage d'aucun
moyen préventif ou curatif; le soufrage, adopté sur d'autres
points,—où il atténua dans une large mesure les pertes éprou-
vées, — n'y fut introduit que tardivement, et encore trop ti-
midement, il faut bien le dire. Durant cette période, la propriété viticole ne pouvait que voir s'aggraver ses souffran-
ces. Pour quelques-uns, il est vrai, la rareté de la denrée
était devenue une bonne fortune; sous l'influence de l'oïdium,
le vin avait atteint des prix élevés, et les propriétaires de
chais bien garnis, qui avaient pu attendre, se rencontraient
en bonne passe. Mais, pour un qui doublait sa fortune, combien s'appauvrissaient avec la pénurie!

En somme, il est un fait certain, indéniable: c'est que le
grand nombre des producteurs et la totalité des consomma-

teurs, à la longue, ont dû se ressentir vivement des désastres occasionnés par l'oïdium.

La crise affaiblie, sinon passée, un grand événement économique survient : la promulgation des traités internationaux de commerce. Cet acte, dont il n'y a pas lieu d'envisager ici les conséquences sous d'autres rapports, cause une impression profonde parmi les viticulteurs. Le présent n'est pas brillant pour eux; mais l'avenir ne leur apparaît-il pas plein de promesses? La confiance succède à la perplexité. Il n'est pas possible que la maladie de la vigne dure toujours; elle s'est amoindrie déjà; dans peu de temps n'aura-t-elle pas disparu? La production œnologique va devenir d'autant plus en faveur qu'elle pourra, n'étant plus arrêtée par aucune barrière, se répandre partout où l'appellera la commande. Il faut être prévoyant. La vigne réussit dans le Gers; pour se mettre en mesure de parer à des besoins qui ne sauraient manquer de se manifester à courte échéance, il n'y a qu'une chose à faire : — Planter encore de la vigne.

Et l'exécution de suivre de près la pensée.

Voilà comment, depuis quelques années, les contenances converties en vignobles, pour la production des vins seulement, ont augmenté, dans le Gers, d'un tiers au moins, celles qui précédemment avaient été consacrées à la même destination.

Cette extension des surfaces de sol affectées à la viticulture est-elle une mesure sage?

En esquissant à grands traits les dernières phases parcourues, dans une carrière pénible, par la propriété viticole, nous avons vu que la situation était plutôt gênée que prospère.

Cette situation donnée, il semble que la résolution d'accroître la production des vins n'aurait pu être justifiée qu'à la condition que leur débit avantageux fût d'avance ménagé à l'intérieur, ou que les traités de commerce eussent, en ce qui concerne spécialement le département du Gers, dû infailliblement tenir tout ce qu'ils promettaient; la prudence et la logique étaient d'accord pour réclamer, au préalable, la certitude de la satisfaction de ces exigences.

En a-t-il été ainsi? C'est ce qu'il convient d'examiner.

II

Insuffisance des Débouchés.

Toute production, pour devenir une source féconde de revenus, a besoin de nombreux débouchés. Lorsque la pénurie n'est pas le terme régulateur de l'élévation des prix par suite d'un écart anormal entre l'offre et la demande, la multiplicité des débouchés, c'est-à-dire leur facilité, peut seule rendre certain l'écoulement des produits à un taux rémunérateur.

Les vins du Gers, même dans les années de grande abondance, n'ont cherché et trouvé preneur, ainsi qu'il a été déjà dit, que sur les marchés du département, ou, dans les conditions les plus favorables, sur ceux de quelques départements voisins; sauf pour quelques crûs exceptionnels, dont la réputation a été due à l'intelligente initiative de leurs possesseurs, la consommation n'a pu les appeler au-delà d'une région très circonscrite.

Ce fait, si insolite qu'il soit en apparence, est pourtant naturel : il tient à ce que, jusqu'à présent, rien n'a été tenté — utilement, sérieusement du moins — pour réagir, comme il eût été nécessaire, contre la situation qui vient d'être accusée, et la modifier dans un sens d'où découlât une véritable amélioration.

Le progrès, de sa nature, ne vient pas tout seul; chacun de ses pas est subordonné à la somme d'activité, d'efforts dépensée à favoriser son expansion. L'immobilité ne peut être que stérile.

Pour les vins du Gers, l'inertie constante des propriétaires a paralysé tout progrès. Lorsque, dans d'autres contrées, tous les moyens, tous les ressorts étaient mis en jeu, en vue de la création de nouveaux centres d'écoulement aux produits de toute sorte, l'industrie vinicole, dans le Gers, ne parvenait pas à se départir d'une attitude absolument expectante, passive.

Dans leur isolement, peut-être aussi les tenanciers viticoles se sentaient-ils instinctivement frappés d'impuissance : sans lien entre eux, sans guide, sans représentant commun, ne sont-ils pas réduits à l'obligation de se mettre en quête — chacun pour soi — des débouchés qui pourraient leur procurer de réels bénéfices? La tâche est-elle si facile? — Comment s'y prendre? Où, à qui s'adresser? — Questions, il faut l'avouer, malaisées à résoudre.

Là — et nous insisterons sur ce point — là, en effet, existe un obstacle, infranchissable pour bien des producteurs.

Dans l'état présent des choses, l'initiative personnelle, exclusive, des viticulteurs, est pour eux la seule voie praticable, s'ils veulent avoir quelque bénéfice dans leurs ventes; comme nous le verrons plus loin, ils n'ont à faire aucun fond sur l'intervention commerciale, plutôt contraire qu'avantageuse à leurs intérêts. Il faut donc que chacun d'eux, séparément, se mette en campagne, que chacun s'efforce de se créer des rapports au dehors, que chacun fasse valoir, patronne, recommande, expédie sa marchandise; en un mot, que chacun se procure une clientelle qui lui soit propre. Que de soins, que de soucis dans cette course au clocher, qui, pour être fructueuse, doit être poursuivie sans trêve, sans repos!

Quelques-uns y réussissent, nous répondra-t-on. Soit; nous l'avons déjà reconnu. Mais qu'est-ce que cela prouve? Ces succès, limités, restreints, dans tous les cas, à une très minime partie des propriétaires de vignobles, suffisent-ils eu égard au développement incessant des forces productives du pays? Peuvent-ils amener ce courant actif, permanent, général, dans toute la France et même dans une partie de l'Europe; courant que, pour notre compte, nous avons la conviction de voir un jour s'ouvrir, comme la conséquence nécessaire, inévitable des sentiments de solidarité qui gagnent les populations de proche en proche?

Non, ce qui est n'est pas assez. Réduits à leurs seules ressources, les producteurs sont incapables, la grande masse du moins, de sortir du cercle d'immobilité qui les presse, les étreint; ce n'est pas de leur action, ainsi condamnée à l'isolement, qu'il est permis d'attendre un résultat quelconque. Jamais, dans une telle situation, les vins du Gers n'iront,

soit sur les marchés lointains, soit directement chez les consommateurs, conquérir le rang, la faveur que, s'ils étaient
mieux connus, ils disputeraient à juste titre à bien d'autres,
plus renommés, quoique ayant, en réalité, moins de valeur.

Comment une impuissance aussi flagrante ne serait-elle
pas suivie d'hésitation et de découragement?

Ainsi, sans doute, s'explique l'abstention du plus grand
nombre des intéressés.

Alors qu'arrive-t-il? Au lieu d'aller au-devant de la vente,
sur les lieux mêmes de consommation, les détenteurs de vins
se résignent à attendre que les affaires viennent se présenter
à eux, et se contentent de prix modiques — tels quels — représentant à peine, quelquefois, un excédant insignifiant, si
l'on y regardait bien, sur les frais généraux dont ils ont fait
l'avance; et si, par malheur, ils se trouvent dans la nécessité,
pour faire de l'argent, de vendre leur récolte vineuse à un
moment où les cours, comme il arrive fréquemment, sont
sous l'impression d'une baisse notable, loin de gagner, ils
perdent sur leur production.

Il est, certes, prudent de réserver l'avenir; mais — et ceci,
dès maintenant, échappe à toute discussion — il n'est pas
douteux que c'est l'absence ou la rareté des débouchés qui,
pour les vins du Gers, a été la cause principale des difficultés
devant lesquelles s'est toujours arrêté le développement de
cette industrie. Ses produits, généralement, ne sont pas
connus, pas appréciés même en France; ils ne pouvaient
l'être en pays étranger. On comprend que, dans ces conditions,
leur débit n'ait jamais été mis en faveur par l'action commerciale en dehors de la région, et que les traités internationaux aient été, à leur égard, tout à fait sobres d'influence.

L'insuffisance des débouchés, toutefois, n'est pas la seule
cause de la détresse de la viticulture du Gers; il en existe
d'autres, importantes aussi, auxquelles celle-là emprunte
pour beaucoup même son origine, indépendamment de
l'inaction des intéressés.

Les trois chapitres qui suivent leur seront consacrés.

III

Des Cépages.

Il est un principe, reconnu par tous les hommes qu'inté-
resse la viticulture : c'est que le choix des cépages influe,
d'une manière très sensible, sur la quantité et la qualité des
vins récoltés.

Ce côté de la question est capital; il mérite bien qu'on
s'y arrête un peu.

S'est-on suffisamment préoccupé de ne donner, dans le
Gers, aux terrains de vignes que les plants qui, par rapport
à la nature du sol, à l'exposition, au milieu atmosphérique,
pouvaient le mieux leur convenir?

A cet endroit, pas de contradiction possible : non, — à de
rares exceptions près, — il n'est pas assez tenu compte des
circonstances dans lesquelles les plantations sont faites. Généralement, les cépages employés, bons ou mauvais, sont
les mêmes que ceux qu'on voit dans le pays depuis plusieurs
siècles; on les a sous la main, on les garde. Certains vignobles sont composés d'espèces variées à l'infini; les plus
recherchées, habituellement, sont celles qu'on regarde, à
tort ou à raison, comme les plus productives. D'ordre et de
discernement, il n'en est guère question. Les espèces préco-
ces sont confondues avec celles dont la maturation est plus
ou moins tardive. — Nos vignes, la plupart du moins, pré-
sentent, sous ce rapport, comme une espèce de mosaïque : les
couleurs y sont variées; mais l'on sent qu'une main intelligente, expérimentée, eût bien souvent mieux su arrêter,
déterminer les conditions qui font l'harmonie.

Il résulte de ce défaut de choix et d'ordre dans les plantations de vignes que, lorsque les fruits de certaines souches
ont dépassé le point qui eût rendu leur cueillette opportune,
ceux des souches voisines commencent à peine à prendre la
teinte annonçant leur future maturité. Des grappes pourries

et des grappes vertes s'offrent ainsi, successivement, à la serpette du vendangeur; le tout va se mêler, se confondre dans la comporte, en attendant la cuve : comment pourrait-il en sortir un vin généreux, d'une irréprochable qualité ?

De pareilles pratiques ne sauraient être trop hautement condamnées.

Dans la Bourgogne, dans le Bordelais et les autres pays de grande production, où les vignes reçoivent plus de soins, les propriétaires suivent d'autres errements : tout, pour eux, est matière à étude, à réflexion. Avant de planter, ils essaient, ils observent les faits et leurs suites, comparent les résultats des cépages d'après les qualités de la terre à occuper, les modifications qu'y devront apporter tels ou tels amendements, et se dirigent en conséquence. Les expériences de chacun profitent à tous. Aussi sont-ils parvenus, non-seulement quant au choix des cépages, mais encore, ce qui n'est pas moins essentiel, pour les façons et les diverses opérations de vigneronnage, à fixer, à observer des règles auxquelles ils doivent la supériorité, la renommée de leurs produits.

Que n'essaierait-on de faire de même dans le Gers?

Ici, toujours le passé est pris pour modèle : — « Nos pères, — se dit-on, — ne se trouvaient pas trop mal de leurs usages. Ils espaçaient de telle sorte les souches et les lignes de vignes; ils ignoraient la greffe, la fumure, l'épamprement, le piquetage. Le culte de la tradition a son bon côté; et puis, n'a-t-il pas été dit quelque part que « le mieux est quelquefois l'ennemi du bien? » Les habitudes sont prises; pourquoi en changer? Pour en adopter d'autres, peut-être pires? »

C'est dans ces raisonnements captieux que le pays s'endort, laissant ses intérêts, sa fortune aller à la dérive.

Cette fortune, ces intérêts seraient bien autrement servis par une intelligente imitation de ce qui se fait ailleurs.

Les bons cépages, grâce à Dieu, ne manquent pas. Bon nombre de propriétaires ont déjà prouvé, par l'exemple, la possibilité de constituer des vignobles de choix. Si quelques-uns sont parvenus à produire des vins de qualités exceptionnelles pour la contrée, si l'un d'eux, notamment, et de ceux qui se sont occupés avec le plus de persévérance de l'amélioration de leurs denrées vineuses, a obtenu des vins similaires aux crûs du Bordelais, en important dans le Gers des cépages étrangers, rien n'empêcherait, apparemment, que le même fait se renouvelât sur d'autres points.

La généralisation du perfectionnement de la culture de la vigne, dans notre département, dépend en grande partie, croyons-nous, de l'emploi judicieux, non pas seulement pour les nouvelles plantations, mais également pour celles, plus ou moins anciennes, qui demandent à être remplacées par la greffe, le provignement, etc., de cépages choisis, appropriés à la composition spéciale du sol, à l'exposition de chaque localité.

De ce côté, dès lors, doivent se porter l'attention, les efforts des viticulteurs.

IV

Des Méthodes de vinification.

Si les espèces des cépages et les soins culturaux qui leur sont donnés entrent pour beaucoup dans ce que devront être les vins en provenant, il ne faut pas croire que tout dépende de là.

Des cépages médiocres, mêlés à d'autres supérieurs, permettront quelquefois d'obtenir des vins assez remarquables; mais aussi, par contre, les meilleurs cépages pourront ne produire que des vins des plus infimes qualités.

Les qualités des vins sont subordonnées, sans doute, à la nature de la vendange, — mais plus encore, assurément, aux soins du vigneron.

Ce qui revient à pouvoir avancer à l'état d'axiome que, pour avoir de bons vins, il faut *savoir les faire*.

Or, « savoir faire les vins, » c'est appliquer à leur préparation, aux nombreuses opérations qui précèdent, accompagnent ou suivent la cueillette du raisin, toute l'attention, toutes les précautions qu'elles exigent.

Ces opérations sont plus délicates qu'on ne semble le penser communément.

D'abord, il n'est pas indifférent de se préoccuper de l'état des chais. Leur exposition, leur propreté, leur ventilation, les conditions de voisinage où ils sont placés, notamment au point de vue de la salubrité, doivent exciter, en premier lieu, l'attention du propriétaire; en second lieu, le matériel qui y est employé exige aussi, de la part de ce dernier, une égale sollicitude. Un chai, même excellent, ne sera complet que par un approvisionnement suffisant et parfaitement approprié de vaisseaux vinaires.

On a trop coutume, dans ce pays, de n'accorder qu'un intérêt tout secondaire à cette partie essentielle des moyens de faire de bons vins; c'est un tort. La tenue constante dans un état convenable d'entretien, tant des celliers que du matériel qui les garnit, n'est point chose à négliger : que de pertes on pourrait prévenir, en portant sur ce point la prévoyance qu'il réclame !

Mais, s'il est nécessaire que les locaux, appareils et récipients de toute nature, destinés à servir à la fabrication des vins, soient rigoureusement préservés de toute cause d'altération, à plus forte raison devront-ils l'être, plus particulièrement, aux approches des vendanges. Un propriétaire clairvoyant ne se laissera pas gagner par le temps; il le devancera. Sans attendre au dernier moment, — comme il arrive en général,— il ira visiter scrupuleusement, minutieusement sa cave et ses agrès, prescrira les réparations, les dispositions nécessaires, ne laissera, en un mot, rien échapper à ses investigations. Ces précautions prises, il pourra attendre avec confiance : le moment venu de ramasser le raisin, tout sera prêt dans les conditions les plus favorables à une vinification parfaite.

Pour atteindre ce but, d'autres ménagements seront encore indispensables. Il faudra guetter le moment de la maturité, ne pas se presser, ne pas se retarder non plus; éviter tout mélange des raisins mûrs avec ceux qui ne le seront pas encore; si les cépages ne sont pas choisis, plantés séparément par espèces, ne cueillir le raisin que successivement, au fur et à mesure de sa maturation à point; se comporter, en un

2

mot, avec la vigne, comme avec la plupart des arbres à fruits.
Que dirait-on d'un homme qui se rendrait dans son verger,
pour y faire, à la fois, la récolte de tous ses abricots, de toutes
ses pêches, de toutes ses poires, etc? On ne pourrait s'empêcher
de le taxer de folie. Eh bien! le viticulteur qui effectue ses
vendanges sans se préoccuper si tous ses raisins sont également mûrs n'agit pas avec plus de raison.

Et — le raisin cueilli — quelle prudence ne réclame pas
aussi le foulage, si insoucieusement fait dans nos exploitations
vinicoles! Combien d'entre elles, où le mode par la pression
des pieds, mode aussi malsain pour les vins que dangereux
parfois pour les fouleurs, continue à être exclusivement
appliqué!

Et, enfin, quant à la mise en cuve, à la durée de la fer-
mentation, aux soutirages, aux transvasements, au renouvelle-
ment, au choix et à l'entretien des fûts, à l'ouillage, au
collage, aux opérations de toute nature, si variées et si importantes, où gît principalement l'art de « faire le vin, » et de
le conserver en le bonifiant, que de choses n'y a-t-il pas à
dire; que de réformes radicales, impérieusement nécessaires,
à conseiller, à obtenir...

V

Qualité des Produits.

Un fait singulier, insolite a de tout temps dû frapper les
personnes qui ont eu à s'occuper des vins du Gers.

Il est rare que les contrées à vignobles ne produisent pas
des vins qui, même en tenant compte des différences de crûs,
se rapprochent entre eux par une certaine similitude, ou tout
au moins par de sensibles analogies de nature, de couleur, de
bouquet, de force, de qualité.

Tous les consommateurs savent que les produits œnologiques
de la Champagne, de la Bourgogne, du Bordelais, du Rous-
sillon, du Languedoc, etc., tous dissemblables entre eux, se

ressemblent, considérés séparément, par l'homogénéjté des caractères qui leur sont propres. Ainsi, tel de ces vins est froid, tel autre capiteux; tel chargé de sucre ou d'alcool, tel à des degrés moindres. De même pour la coloration.

Dans le Gers, cette affinité, cette sorte d'unité entre les vins d'une commune origine n'a jamais existé. Il semble qu'il y ait autant de qualités, d'espèces de vins qu'il y a de propriétaires.

Cela, évidemment, ne peut provenir que de la diversité des pratiques usitées quant aux choix des cépages, à la culture, à la vinification.

Car les raisins sont également bons dans toutes les localités du Gers où se font les vins de table : le raisin de vigne ne le cède en rien à celui de treille; il lui est même préféré, comme ayant plus de succulence, plus de saveur.—Nous avons, pour favoriser nos vignes, le terroir, le soleil, un climat chaud, et à la fois tempéré. Ces conditions sont rarement réunies à un degré aussi favorable dans les autres contrées de production. Sur les propriétés où, par exception, les vins sont soignés convenablement, le raisin n'est pas meilleur et les produits sont excellents; ils se font remarquer, notamment, par la franchise, la finesse, la distinction de leur couleur, de leur goût.

Abstraction faite des variations peu saillantes que comportent naturellement l'exposition et la composition du sol, c'est-à-dire les différences mêmes des crûs, il serait donc possible d'obtenir, pour les vins du Gers, à l'endroit de l'identité ou plutôt de l'analogie des qualités, un résultat dès longtemps acquis dans les autres contrées.

Et ce résultat, il serait d'autant plus urgent de le poursuivre et de ne rien épargner à l'atteindre, qu'aujourd'hui la plus grande partie de nos vins —chose regrettable, ne fût-ce qu'au seul point de vue de la consommation — laisse considérablement à désirer. La conservation n'en est que trop souvent hypothétique, aléatoire. Sous l'influence pernicieuse du peu de méthode apporté à la fabrication des vins, ceux-ci, en général, conservent une âpreté qui nuit à leur valeur, ou tendent à s'altérer, à se piquer, à tourner; quelques-uns ne se prêtent même point au transport; le moindre déplacement provoque leur décomposition, au moins momentanée.

Ces chances de mécomptes sont si multipliées, que leur existence seule suffit à déprécier les crûs qui ne sont pas soumis aux mêmes conditions fâcheuses.

Comment les vins du Gers, où tout manque à la fois, le discernement en matière de plantations et de cultures, les soins de fabrication, et l'uniformité de goût et de qualité; comment ces vins pourraient-ils avoir été appelés à jouir d'une vogue qui n'est acquise, partout ailleurs, qu'au prix de peines et de sacrifices assidus?

On ne se rend que trop aisément compte des déceptions de leurs producteurs; ceux-ci, après tout, ne recueillent-ils pas les fruits amers de leur apathie, de leur imprévoyance?...

La nécessité de réformer les anciennes pratiques et de battre ainsi en brèche la routine est aujourd'hui devenue plus que jamais impérieuse.

Les débouchés manquant sur place, c'est au loin que désormais les viticulteurs doivent s'efforcer de s'en procurer de nouveaux. Les chemins de fer, ce moyen si commode d'abréger, de supprimer, comme on l'a dit si souvent, les distances, sont destinés, pour les vins de même que pour les autres denrées, à remplacer les transports à grandes distances par la voie du roulage.

Mais, qu'on ne se le dissimule pas, l'emploi des lignes ferrées n'est accessible aux vins que si leur confection est l'objet de soins bien entendus. Le mouvement de trépidation imprimé à la marche des trains exerce une influence très sensible sur ces sortes de liquides. Les vins de qualité inférieure sont ceux qui résistent le moins aux effets pernicieux de cette influence; ceux de qualité supérieure, au contraire, y échappent généralement.

N'y eût-il que cette raison d'attacher à la préparation, à l'enfûtage, à l'entretien des vins l'importance qu'ils réclament, elle suffirait, d'après nous, pour que la propriété viticole, tout entière, dût tenir à faire moins bon marché de toutes les précautions par lesquelles il lui est seulement permis d'assurer, à ses vins, cette homogénéité de qualité qui lui fait défaut.

VI.

Le Commerce.

Ainsi, voilà qui est bien établi : dans l'état actuel des choses, les vins du Gers sont loin de pouvoir offrir aux transactions le mouvement que devraient leur assigner les quantités récoltées annuellement, commé aussi les qualités inhérentes au sol, au climat, si ces dernières n'étaient perverties par des pratiques vicieuses.

Mais l'action du commerce, demandera-t-on, n'est-elle pas en mesure de hâter la diffusion de cette sorte de produits, partout où la concurrence peut leur devenir profitable, et d'en favoriser l'amélioration, en intéressant les propriétaires à livrer des vins plus savamment perfectionnés? Ne faut-il pas laisser à l'esprit d'entreprise, à l'initiative du négoce le soin de préparer les progrès désirables et d'établir ensuite l'équilibre absent, de pondérer la création des débouchés avec l'afflux de la production? A quoi bon chercher, en dehors, des moyens tout trouvés, dont le fonctionnement est certain déjà, et dont l'activité ascensionnelle doit rencontrer, dans une source intarissable de lucre, le plus efficace stimulant?

Livrer sans frein, sans contre-poids, les transactions vinicoles à des intermédiaires serait, à notre avis, s'exposer à un véritable danger; voici pourquoi.

Chaque pays de consommation demande aux vins dont il se pourvoit certaines conditions de goût, de bouquet, de couleur, à peu de chose près uniformes. Ces conditions, nous l'avons vu, n'existent pas pour les vins du Gers. Le commerce a cru devoir y suppléer. Voulant essayer de tirer parti, pour son compte propre, de l'inertie des producteurs, il s'est mis, comme il a pu, à l'affût des débouchés qui lui étaient accessibles. L'obstacle constaté, les négociants viniers ont commencé par se livrer à des coupages, à des mélanges propres à former, après coup, du moins un semblant des produits qu'on leur demandait. Puis, la crise suscitée par l'oïdium survenant, les mixtions entre produits homogènes devenaient coûteuses, en réduisant par trop le taux des bénéfices: il fallait les éviter à tout prix. De là, l'idée de recourir à l'usage de substances étrangères, quelquefois malfaisantes, dangereuses même. Tel vin n'avait pas de bouquet; on y obviait par des sophistications déguisées aussi habilement que possible. Manquait-il de couleur? on y pourvoyait de la même façon.

Assurément, il serait injuste de rendre responsable d'actes pareils notre commerce local; nos marchands de vins, il faut le croire, et pour notre compte nous n'hésitons pas à le proclamer à leur honneur, y mettent plus de conscience, plus de probité. Nonobstant, il ne paraît pas possible d'attendre d'eux, et d'eux seuls surtout, des améliorations quelconques, réelles, sérieuses.

Comme intermédiaires, ils ne sauraient s'empêcher de faire leur métier. Or, leur métier consiste à prélever la plus large part possible sur le bénéfice qui, en toute équité, devrait revenir au producteur; et il est élémentaire que, plus sont nombreuses les mains où passe une denrée quelconque, pour se rendre du lieu de provenance à celui de consommation, plus, naturellement, le prix de cette denrée augmente: chaque intermédiaire, prélevant sa rémunération, réduit progressivement le chiffre normal du bénéfice auquel le producteur aurait pu prétendre, s'il avait lui-même fait directement son expédition au consommateur.

Le rôle des intermédiaires est en quelque sorte forcé: ils ne sauraient le plus souvent, — et surtout lorsqu'ils sont des derniers dans la chaîne de transmission qu'ils forment, — ils ne sauraient, dis-je, se soustraire à l'obligation, pour ne pas perdre sur les produits dont ils ont à chercher le placement, de ne reculer devant aucun expédient de préparation fâcheuse, d'adultération, sinon de sophistication coupable.

Et cette obligation, pour les vins du Gers en particulier, a des effets d'autant plus regrettables, que leur mélange avec d'autres vins les gâte au lieu de les améliorer; le coupage ou le vinage, en les dénaturant, leur ôte, entre autres, les propriétés digestives et toniques qui les distinguent dans leur pureté originelle.

Comment la confiance publique pourrait-elle se fixer absolument sur le commerce, réduit, en définitive, à frelater sa marchandise pour en trouver un écoulement plus lucratif?

Le consommateur sait bien que le commerce l'exploite, après avoir exploité le producteur; s'il demande des vins au commerce, ce n'est que lorsqu'il ne lui est pas loisible de faire autrement.

Qu'on lui ménage la faculté d'opter entre l'intermédiaire et le producteur : il n'hésitera pas à accorder sa préférence à ce dernier; il sera sûr de trouver, de la sorte, avec des exigences plus loyales et moins onéreuses, de meilleurs vins et de plus certaines garanties.

Le commerce proprement dit n'en continuera pas moins son œuvre : seulement, il y aura de plus cet immense résultat, à savoir que la propriété elle-même suppléera à l'insuffisance du commerce, en l'élargissant, et atténuera les abus dérivant d'un monopole sans contre-poids, en créant une utile et féconde concurrence.

VII

Quel pourrait être l'avenir de la viticulture dans le Gers.

De tout ce qui précède ressort clairement l'état précaire, difficile, déplorable pourrait-on dire, où se trouve la viticulture dans le département du Gers.

Le mal est patent, manifeste; n'y a-t-il pas de remède? Ce serait à désespérer du bon sens public que d'en douter.

Après avoir jeté les yeux sur le passé, il ne reste qu'à arracher les voiles qui cachent l'*avenir* de la production œnologique; — le *présent* de demain, si l'on veut.

Cet avenir, que sera-t-il? Evidemment, les propriétaires viticoles ne faisant aucun pas pour sortir de l'impasse où ils sont engagés, les vins du Gers resteront ce qu'ils sont : sans débouchés suffisants, soit à l'intérieur, soit à l'extérieur, ne trouvant, dans le pays même, qu'un écoulement incertain, dérisoire, à des prix qui ne représenteront ni les frais ni les soins qu'ils auront coûtés; inconnus ou dépréciés sur les grandes places commerciales, où leur apparition, avec garantie de fraude, créerait, à leur avantage, une utile concurrence; en peu de mots, la culture de la vigne, dans ce pays, continuera d'être une cause permanente de déceptions, de pertes, de découragements.

Si, au contraire, la propriété viticole veut comprendre ses véritables intérêts, quitter son immobilité, secouer sa torpeur, ne s'en remettre qu'à elle-même du soin de sa fortune, prendre en mains la direction de ses propres affaires, se grouper en faisceau contre les causes de ruine qui la minent sourdement, — mais si elle veut tout cela d'une volonté énergique, persévérante, inébranlable, — nul doute qu'alors elle ne puisse aisément substituer à son malaise, à sa gêne, une croissante et fructueuse prospérité.

La question tout entière est là.

Elle se résume en ce dilemme fatal : —Ou végéter, ou vivre; — ou rester stationnaire dans la souffrance, ou agir en vue d'une régénération dont le but final serait le développement de la richesse vinicole au profit de tous.

Qui hésiterait à choisir entre ces deux termes extrêmes?...

Pour plus de précision, invoquons l'autorité de quelques chiffres.

Sur les lieux de production, les vins du Gers, vieux, bons ordinaires, sont livrés, aux époques d'abondance, à des prix dont le minimum peut descendre jusqu'à 20 francs la barrique du pays, contenant, suivant les localités, 270 ou 300 litres (soit à raison de 07 centimes le litre); le maximum n'atteint, pour les meilleurs, que rarement et dans les années de disette au moins relative, le chiffre de 70 à 100 francs (25 ou 30 centimes par litre). Les statistiques officielles (1) ne portent leur estimation qu'au taux *moyen* de 9 fr. 87 c. l'hectolitre, 27 francs environ la barrique du pays (10 centimes le litre).

Ces mêmes vins entrent, chacun le sait, avec ceux des

(1) *Statistique de France*, déjà citée.

Charentes, de la Dordogne, de Lot-et-Garonne, etc., pour une large part dans la fabrication bordelaise; après avoir traversé les caves de Bordeaux, ils sont lancés dans le commerce et reviennent quelquefois dans leur pays d'origine, comme produits du Médoc, à des prix variant de 100 francs (vins nouveaux) à 500 francs (vins vieux) le fût de 225 litres; ce qui élève leur valeur sur une échelle ascendante variant de 0,44 c. à 2 fr. 22 c. le litre.

Ce simple rapprochement fournit la mesure des bénéfices énormes que les producteurs vinicoles du Gers pourraient réaliser s'ils constituaient entre eux une association compacte, homogène, d'autant plus puissante qu'elle formerait une cohésion plus intime, pour s'affranchir de l'exploitation, préjudiciable à tous égards à leurs intérêts, dont jusqu'ici ils ont été les aveugles victimes.

En définitive, tout le monde est d'accord sur ce point : les vins du Gers, à raison de leurs vertus natives, sont susceptibles, par des soins intelligents, continus, de lutter victorieusement avec la majeure partie de ceux d'autres provenances qui jouissent, à un plus haut degré, de la faveur publique.

En admettant—et cela est indubitable—que les vins du Gers médiocres dussent, par un traitement mieux entendu, devenir bons ordinaires, et que ceux qui déjà alimentent avantageusement le commerce fussent à même d'acquérir, de leur côté, des qualités encore supérieures — ce qui semble également hors de toute contestation,—assurément, l'écoulement étant activé par des débouchés plus nombreux, les prix suivraient rapidement une progression notable. Actuellement, la valeur de la production du Gers, en vins de table, ne dépasserait pas, terme moyen, d'après les dernières évaluations officielles, la somme annuelle de 8,140,000 francs; il n'y a rien d'exagéré à affirmer que cette valeur, dans un court intervalle, pourrait être augmentée d'une bonne moitié, et qu'elle parviendrait à représenter, en moins de dix ans peut-être,—même sans accroissement dans la quotité des produits — le double de ce qu'elle est aujourd'hui. — Que serait-ce donc avec l'appoint des plantations nouvelles?

Tel a été l'effet des associations vinicoles, là où elles se sont organisées entre producteurs, dans le but de livrer directement leurs produits à la consommation. Et les mêmes moyens d'amélioration ne donneraient-ils pas lieu, dans le Gers, à des résultats identiques?... Il n'est pas besoin d'insister plus longuement à cet égard.

On voit à quel magnifique avenir est en droit d'aspirer la viticulture du Gers; mais, ici comme ailleurs, le bon vouloir ne suffit pas, s'il n'est secondé par l'action.

Il faut donc AGIR, — mais agir avec la résolution, avec la ténacité qui seules sont le fondement et la garantie de tout durable succès.

VIII.

Opportunité d'action.

La récolte des vins, en 1865, s'est opérée dans des conditions exceptionnelles; celle de 1866, quoique laissant beaucoup à désirer sous le rapport de la qualité des produits, a néanmoins été généralement abondante. L'oïdium a disparu, ou à peu près, et si, à ce moment même, le fléau menace encore quelques points, il est toutefois permis d'espérer que les vignerons sauront faire usage, contre lui, des moyens curatifs depuis longtemps consacrés par l'expérience. Bien des caves sont encore largement approvisionnées. Les départements pyrénéens ont perdu, en partie du moins, l'habitude de se pourvoir de vins dans le Gers; le Bordelais et les autres départements voisins possèdent eux-mêmes au-delà de leurs besoins; ils ne demanderont qu'en quantités restreintes, et à des prix modiques, des vins qui, s'ils avaient à les payer à leur véritable valeur, leur seraient moins utiles qu'encombrants.

Or,—l'expérience le démontre,—la consommation sur place ne suffit pas à ouvrir un débouché fructueux. Il est donc indispensable de recourir ailleurs.

Jusqu'à présent,— et ceci n'est point une critique,— on ne s'est occupé de procurer un écoulement aux vins du Gers qu'en essayant de leur ouvrir l'accès de la consommation parisienne. Cela est bien, sans doute; mais n'y a-t-il pas autre chose et peut-être mieux à faire?

Il y a, en France, dix départements où le vin est à peu près inconnu; cette production, tout au moins, y est absolument nulle. Douze n'en récoltent que des quantités insignifiantes. Dans ces vingt-deux départements, et même dans beaucoup d'autres, plus libéralement dotés au point de vue des ressources œnologiques, le vin est un véritable luxe pour les familles aisées; aux classes laborieuses, aux populations rurales, il est inabordable, à raison de l'élévation des prix.

Allons plus loin. Il est en Europe des pays d'une grande prospérité, qui néanmoins ne connaissent l'usage du vin qu'à l'état de *desideratum* en apparence irréalisable. Les familles riches, à défaut des autres, y accueilleraient avec empressement des vins qui, pour la qualité, mais surtout pour les prix, défieraient, même en tenant compte des frais de transport, toute concurrence loyale.

Eh bien! voilà des débouchés dont, avant tout, il est urgent de rechercher la clientelle. Paris aura son tour; il serait, certes, imprudent de le négliger. Mais, tandis que, de ce côté, tout essor est présentement paralysé ou tout au moins rendu douteux par des droits excessifs d'entrée qui, avec les frais de transport, grèvent le prix d'une bordelaise de vin d'une somme ronde de 75 francs au moins (1), le champ d'exploitation ouvert aux vins du Gers, à des conditions plus favorables, s'étend à une grande partie de la France et de l'Europe même. Pourquoi, dès lors, négliger de profiter, partout où ils se trouvent, des moyens d'écoulement auxquels sont attachés les meilleurs résultats commerciaux?

Tout, dès maintenant, d'ailleurs, seconde une pareille entreprise: l'abondance de la denrée à placer, — les facilités de circulation par les voies rapides et économiques, — la ten-

(1) Sur cette somme, les droits d'entrée à l'octroi de Paris comptent pour 45 francs. Le maintien d'une taxe si nuisible au développement des transactions a provoqué de nombreuses réclamations qui, il faut l'espérer, finiront par être entendues: dans sa séance du 24 août 1865, le Conseil général du Gers, à la suite du rapport d'un de ses membres les plus éminents, a émis un vœu dans le sens de la réduction des droits d'octroi sur les vins, pour Paris comme pour les principales villes de l'Empire.

dance même des intérêts à échapper à l'asservissement où les tiennent les intermédiaires à tous les degrés.

Que si, au surplus, les propriétaires viticoles du Gers ne se hâtent pas de saisir, pour attirer à eux les bénéfices auxquels ils ont droit, le moment où les circonstances leur sont si propices, ils peuvent être sûrs qu'avant peu ils en auront regret : d'autres, moins timorés et plus entreprenants, viendront, ayant à leur service et l'initiative et les capitaux nécessaires, qui apercevront là une mine inépuisable à fouiller à leur profit, et sauront s'en rendre maîtres. Ceux-là ont déjà des précurseurs : le développement du commerce des vins, à la faveur de l'ouverture du chemin de fer d'Auch à Agen, a commencé à s'accuser avec une certaine activité le long de cette ligne. Les opérations, par intermédiaires, s'étendent tous les jours; elles ne peuvent manquer, dans un avenir imminent, d'absorber les réserves des dernières années.

Les producteurs s'apercevront-ils, enfin, du parti qu'ils auraient pu tirer eux-mêmes de leur denrée, en se livrant directement à une exploitation qui leur eût donné les bénéfices réalisés par d'autres qu'eux?

Nous désirons qu'à cet égard la lumière se fasse à leurs yeux. Peut-être, alors, l'idée de résister à un danger évident reviendra-t-elle dans les esprits; Dieu veuille qu'il ne soit pas trop tard.

IX

Projet de Société.

Les chapitres précédents contiennent tous les prolégomènes de la question à résoudre : étant donnés les divers obstacles qui, jusqu'à ce jour, ont entravé le développement de la prospérité vinicole dans le Gers, la recherche des moyens les plus propres à les renverser se trouve facilitée singulièrement.

En effet, résumant tout ce qui a été dit plus haut, quel serait le programme à poser et à exécuter?

Le voici rapidement formulé :

1° Faire connaître les vins du Gers et par une centralisation intelligente des moyens d'action — si difficiles, si onéreux même pour l'initiative individuelle — leur procurer des débouchés dans toutes les parties de la France qui ne produisent pas elles-mêmes, ou ne produisent pas assez pour leur consommation;

2° A défaut de débouchés suffisants à l'intérieur, rendre praticable l'exportation de ces vins par une préparation rationnelle et en permettre ainsi l'exploitation à l'étranger.

Notre formule pourrait rigoureusement être restreinte à ces termes; mais il convient d'y ajouter les voies et moyens promis au début de ce travail.

Pour imprimer au commerce des vins du Gers une impulsion active et fructueuse, au profit réciproque des producteurs et des consommateurs, il faudrait :

Supprimer les intermédiaires, en se substituant à eux par voie d'association;

Assurer la loyauté absolue des transactions, en livrant les vins directement à la consommation, avec garantie de tout mélange, de toute falsification, de toute fraude;

Obtenir que les vins du Gers fussent cotés, comme le sont ceux de beaucoup de contrées moins favorisées climatériquement, sur le plus grand nombre possible de places commerciales;

Etudier attentivement les divers cépages, les procédés de culture, les méthodes de vinification en usage dans le département, et, par la publicité et les conseils, mettre en commun les expériences de tous, en vue d'amener l'amélioration progressive des produits, sous le rapport à la fois de la quantité et surtout de la qualité.

Le but assigné, comme on voit, est complexe, multiple; il ne peut être atteint que par les efforts d'une société composée de propriétaires *producteurs*, étroitement intéressés, par conséquent, à l'œuvre à entreprendre, et dont l'action serait centralisée aux mains d'une administration se mouvant au grand jour et sous le contrôle permanent de la société elle-même.

Les bases principales de la société proposée seraient les suivantes :

1. La société pourrait porter le titre de :

SOCIÉTÉ ŒNOPHILE DU GERS.

2. La question de la *forme* sous laquelle elle serait fondée, suivant les dispositions de la nouvelle loi sur les sociétés, dont le projet est en ce moment soumis au Corps législatif, serait résolue à la première réunion des souscripteurs.

3. La durée de la société serait fixée par les statuts.

4. Un capital serait nécessaire, dès le début, pour assurer un fonctionnement utile et régulier.

5. Ce capital serait réalisé par actions de 500 fr.

Les époques et la quotité des versements seraient fixées par la première assemblée générale.

6. La société se composerait *exclusivement* de propriétaires de vignobles situés dans le département du Gers, qui formuleraient leur adhésion au projet.— Chaque adhésion devrait être accompagnée :

1° De l'engagement de souscrire à une action au moins de la société;

2° D'un état de la production annuelle du souscripteur, soit en vins, soit en eaux-de-vie (1), et des quantités que, dans le courant de la première année, il pourrait expédier.

Il ne serait admis d'autres sociétaires que si l'émission de nouvelles actions était décidée par l'assemblée générale.

7. Les actions émises donneraient droit, d'abord, à un intérêt annuel de 5 0|0 et, en outre, aux dividendes provenant des bénéfices de la société, prélèvement fait des frais généraux, de la part attribuée au fonds de réserve; enfin, du montant des plus-values revenant aux producteurs de vins, ainsi qu'il sera dit ci-après, au nombre 18.

8. Un prélèvement de 5 p. 0|0 serait opéré, avant tout au-

(1) Nous n'avons parlé plus haut que des vins, parce que les eaux-de-vie du Gers, celles notamment qui proviennent de l'Armagnac et de la Ténarèze, trouvent un plus facile écoulement: pour cette denrée, les producteurs sont loin d'éprouver les mêmes embarras que pour les vins; le commerce des eaux-de-vie, d'ailleurs, est depuis longtemps organisé, soit à Condom, soit à Eauze, sur une large échelle. Nous n'en sommes pas moins convaincu que les deux productions vinicoles, si la société proposée venait à se constituer, ne sauraient être séparées, les intérêts de la propriété, à l'égard de l'une comme de l'autre, étant absolument identiques.

tre, sur le montant des bénéfices bruts, pour le fonds de ré-
serve.

9. La société œnophile aurait pour objet l'amélioration et
la vente des vins du Gers.

Elle s'efforcerait de faire valoir les intérêts de tous les propriétaires viticulteurs de ce département, d'augmenter et de
maintenir la bonne renommée de leurs produits.

Elle favoriserait de son crédit, tant par son action directe
que par la publicité dont elle pourrait disposer, tout ce qui
tendrait à développer le marché de ses vins, soit en France,
soit à l'étranger.

10. Elle publierait périodiquement un *Bulletin viticole et
vinicole*, à l'effet de répandre, de vulgariser les meilleures
pratiques pour le choix des cépages, la plantation et la culture des vignes, la fabrication et l'amélioration des vins.
Ce *Bulletin* qui, en outre, lorsqu'il en serait besoin, indi-
querait les tarifs de la société et les cours sur les diverses
places commerciales, serait gratuitement adressé à tous les
sociétaires et, moyennant abonnement, aux propriétaires
viticulteurs non associés.

Nous pensons même que la société, pour mieux remplir
son but et accélérer les progrès qu'elle aurait en vue, devrait
s'efforcer de créer, sur un ou plusieurs points du département, un ou plusieurs *vignobles expérimentaux* sans cesse
ouverts aux études, aux comparaisons de ses membres, et
offrant, en même temps que les diverses conditions d'exposition, de sol et de culture, des termes de rapprochement
entre tous les cépages existants dans le pays ou pouvant
y être avantageusement acclimatés.

11. La société élirait *en son sein* un conseil d'administration ou, suivant le cas, une commission de surveillance, ou
un syndicat, dont les membres devraient avoir leur résidence
aussi rapprochée que possible du chef-lieu du département,
centre des opérations sociales.

12. Les affaires de la société seraient confiées à un directeur ou gérant, à la nomination de l'assemblée générale des
actionnaires, mais, dans tous les cas, actionnaire et producteur de vins lui-même.

Ce directeur ou gérant serait chargé de l'administration,

de la comptabilité, de la centralisation des correspondances, des nominations du personnel actif; de surveiller la tenue de la cave centrale, les réceptions, manipulations et expéditions des denrées vineuses; en un mot, de la gestion, sous le contrôle incessant du conseil d'administration, de la commission de surveillance ou du syndicat, de toutes les affaires de la société.

13. Le personnel actif serait organisé de manière à exciter, entre les agents qui en feraient partie, une émulation utile à tous les intérêts : ces agents seraient admis à participer aux bénéfices annuels, dans les proportions qui, à la fin de chaque exercice, seraient arrêtées par l'assemblée générale.

· 14. Une cave centrale serait installée au chef-lieu du département.

15. Ne seraient acceptés à la cave centrale que les vins reconnus *marchands* et contenant, à l'état naturel, au moins 12 0[0 d'alcool.

16. A leur arrivée au chai central, tous les vins offerts en consignation seraient dégustés et estimés; ils seraient inscrits sur les registres de la société au prix d'estimation, accepté contradictoirement par le producteur et par le gérant; ils ne pourraient être livrés au consommateur qu'au-dessus de ce prix, déduction faite de tous frais.

17. Le prix d'estimation, ainsi fixé et accepté, serait payé au consignataire, contre la remise de son vin au chai central.

18. Les producteurs qui fourniraient des vins à la cave centrale recevraient, en sus du prix d'estimation qui leur serait payé au moment de la consignation, un quart du bénéfice net réalisé sur leurs produits. Cette prime leur écherrait à titre d'encouragement pour l'amélioration de leurs vins; elle serait liquidée à la fin de l'année durant laquelle aurait eu lieu la vente.

19. Tout sociétaire dont les vins, soit en partie, soit en totalité, se trouveraient en dépôt dans la cave centrale aurait le droit de se faire rendre compte, en se présentant au siége social, de la situation de ses consignations; il pourrait également se faire représenter les produits non expédiés provenant de ses envois personnels et s'assurer de leur conservation.

20. Les frais d'entretien des vins à la cave centrale ne donneraient lieu, en aucun cas, à répétition contre les consignataires.

21. Les fûts contenant des vins expédiés par la société seraient revêtus de son estampille, en garantie de tout mélange, de toute falsification ou fraude.

22. Les sociétaires auraient le droit, en en faisant la demande trois mois d'avance, de se faire livrer des fûts neufs, au prix de revient qu'aurait payés la société elle-même.

23. Enfin, la dissolution de la société, avant le terme fixé pour sa durée, ne pourrait avoir lieu que si elle était provoquée par le conseil d'administration ou de surveillance, ou qu'en cas de perte d'une partie du capital social à déterminer par les statuts.

Telles seraient les clauses essentielles, sauf les amendements reconnus convenables, de l'acte proposé pour la constitution de la Société œnophile du Gers. Pas n'est besoin, assurément, d'en faire plus longuement ressortir l'économie et l'efficacité.

Depuis longtemps déjà, les idées d'association vinicole ont trouvé, dans ce département, de fervents imitateurs et de non moins sympathiques adhérents. Si, de la théorie spéculative, ces idées ne sont pas encore passées dans le domaine d'une pratique féconde, il a fallu en accuser moins la bonne volonté générale que l'absence d'éléments de succès aujourd'hui plus que jamais certains. Le moment nous semble venu de reprendre cette question importante. La voie est tracée, d'une manière sans doute incomplète; que les propriétaires viticulteurs y entrent résolûment, comme il convient à des hommes qui ont conscience et souci de leurs intérêts en souffrance; certes, nous osons le prédire avec une sécurité profonde, la fortune des vins du Gers, périclitant à cette heure, cessera bientôt d'être compromise; elle s'élèvera rapidement au niveau de celle des produits œnologiques des pays les plus privilégiés.

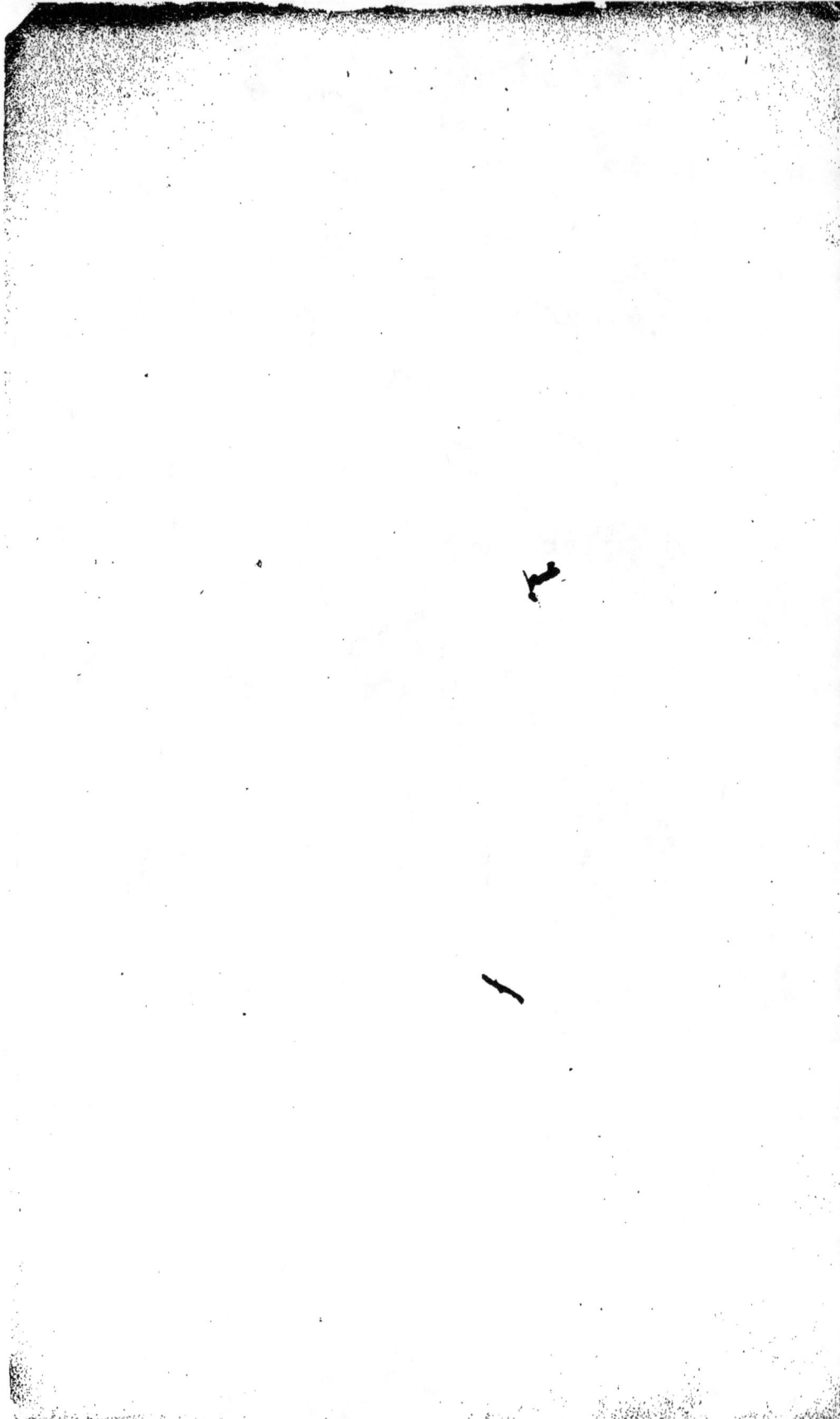

www.ingramcontent.com/pod-product-compliance
Lightning Source LLC
Chambersburg PA
CBHW060759280326
41934CB00010B/2513